원종우 글

내 이름은 원종우. 흔히 파토쌤이라고 불리죠. 사람들에게 과학을 쉽게
설명하는 일을 하고 있어요. 여러분이 어릴 때부터 과학에 관심을 갖고
그 관심이 어른이 되어서도 식지 않았으면 하는 바람으로
《엉뚱하지만 과학입니다》를 쓰고 있어요. 내가 그랬던 것처럼요.
라디오나 TV에서 과학 이야기를 자주 하고, 〈과학하고 앉아있네〉와 같은
과학 팟캐스트도 하고 있어요. 《태양계 연대기》와
《나는 슈뢰딩거의 고양이로소이다》 같은 공상 과학 소설도 썼답니다.

최향숙 글

재미있는 이야기를 지어내는 걸 좋아해서 동화를 쓰기 시작했어요. 그동안
과학책으로는 《겁쟁이 공룡 티라노사우루스》,《우글와글 미생물을 찾아봐》,
《우리 집 부엌이 수상해》 등을 썼지요. 《엉뚱하지만 과학입니다》를 써야겠다고
마음먹은 건, 영재 학교에 다니는 고등학생 아들 덕분이에요. 엉뚱한 상상이
없으면 기발한 생각도 나오기 힘들다는 걸 깨닫게 해 주었거든요. 여러분이
어릴 때부터 엉뚱한 생각을 많이 하기를 바라는 마음으로 이 책을 썼답니다.

김성연 그림

상상하기 좋아하던 아이는 어른이 되어 그림을 그리며 살고 있어요.
주변에 있는 사소하고 마음 가는 것들을 오래오래 그리고 싶답니다.
《엉뚱하지만 과학입니다》 속 엉뚱하고 재미있는 과학 이야기를 들여다보며,
그리는 내내 여러분은 어떤 생각을 할지 상상하며 즐거웠어요.
그린 책으로는 《왜 하고 물으면 과학이 답해요 생명과학》,
《땡땡땡 꼬마 공룡 학교》 등이 있어요.

와이즈만 영재교육연구소 감수

창의 영재수학과 창의 영재과학 교재 및 프로그램을 개발했습니다.
구성주의 이론에 입각한 교수학습 이론과 창의성 이론 및 선진교육 이론 연구 등에도
전념하고 있습니다. 국내 최고의 사설 영재교육 기관인 와이즈만 영재교육에
교육 콘텐츠를 제공하고 교사 교육을 담당하고 있습니다.

엉뚱하지만 과학입니다

① 개가 똥을 누는 방향은?

와이즈만 BOOKs

1판 1쇄 발행 2022년 2월 25일 | 1판 6쇄 발행 2024년 10월 31일

글 원종우 최향숙 | **그림** 김성연 | **감수** 와이즈만 영재교육연구소
발행처 와이즈만 BOOKs | **발행인** 염만숙 | **출판사업본부장** 김현정 | **편집** 이혜림 양다운 이지웅
기획·진행 CASA LIBRO | **디자인** SALT&PEPPER Communications | **마케팅** 강윤현 장하라

출판등록 1998년 7월 23일 제1998-000170 | **제조국** 대한민국
주소 서울특별시 서초구 남부순환로 2219 나노빌딩 5층
전화 마케팅 02-2033-8987 | **편집** 02-2033-8928 | **팩스** 02-3474-1411
전자우편 books@askwhy.co.kr | **홈페이지** mindalive.co.kr | **사용 연령** 8세 이상
ISBN 979-11-90744-50-8

ⓒ2022, 원종우 최향숙 김성연 CASA LIBRO
이 책의 저작권은 원종우, 최향숙, 김성연, CASA LIBRO에게 있습니다.
저자와 출판사의 허락 없이 내용의 일부를 인용하거나 발췌하는 것을 금합니다.

잘못된 책은 구입처에서 바꿔 드립니다.

와이즈만 BOOKs는 (주)창의와탐구의 출판 브랜드입니다.
KC마크는 이 제품이 공통안전기준에 적합하였음을 의미합니다.

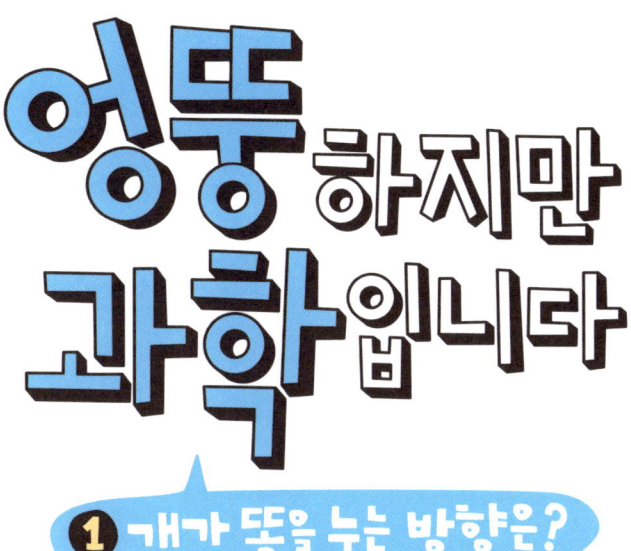

① 개가 똥을 누는 방향은?

원종우·최향숙 글 | 김성연 그림
와이즈만 영재교육연구소 감수

과학
좋아하니?

물론 좋아하는 친구도 있을 거야. 하지만 '과학'하면, 왠지 어렵고 머리 아프다고 생각하는 친구도 많지. 과학에는 복잡한 공식이 있고, 외워야 하는 것도 많으니까. 그래서 과학을 '이그노벨상'과 함께 알아보려 해.

이그노벨상을 받은 연구 중에서 물리 영역에 관한 10개의 연구를 뽑아 엮었어. 우리를 웃게 만드는 연구들인데 웃다 보면 왠지 물리가 친숙하게 느껴지고 좋아질 거야. 물리학자가 되겠다고 다짐하게 될지도 몰라!

어쩌면 너를 꼭 닮은 친구 '나', 그리고 앉으나 서나 과학하는 파토쌤의 안내에 따라 조금씩 천천히 엉뚱한 물리의 세계로 들어와 봐!

이그노벨상부터 알아볼까?

1991년 하버드대학교의 유머 과학 잡지가 만든 상이야.
과학에 대한 사람들의 관심을 높이기 위해 기발한 연구와 업적에
주는 상이지. 물리, 화학, 의학, 수학, 생물, 평화 등 여러 분야에
걸쳐 수상자를 선정해.

이그노벨상을 수상한 연구는 정말 엉뚱해.
어떤 때는 어이가 없을 정도야. 하지만 '과학이 재미있구나!'
'과학은 우리 생활 속에 있구나!'라는 걸 깨닫게 해 주지.
시상식 포스터에는 로댕의 〈생각하는 사람〉이 바닥에 등을 대고
누워 있는 그림이 있어. '발상의 전환'을 나타내는 거래.

자, 그럼 우리도 고정 관념이나 일반적인 생각에서 벗어나
이 책에 가득한 엉뚱하고 기발한 과학으로 발상을 전환해 볼까?

차례

1 개가 똥을 누는 방향은? ············· 9
  - 개똥과 자기 정렬 ············· 13

2 뜬다 뜬다! 개구리 ············· 17
  - 공중 부양도 가능한 자석의 힘 ············· 21

3 빵을 떨어뜨릴 때 꼭 일어나는 일 ············· 25
  - 떨어지는 빵도 물리 법칙을 따른다! ············· 29

4 비스킷을 가장 맛있게 먹는 방법 ············· 33
  - 맛도 과학이 좌우한다! ············· 37

5 애들만 쫓는 기계 ············· 41
  - 어른들에게는 안 들리는 소리의 비밀 ············· 45

6 훌라후프를 잘 돌리려면 ························· 49
  - 훌라후프는 뇌로 돌리는 거야! ····················· 53

7 그 아줌마가
  넘어지지 않는 이유 ····························· 57
  - 넘어질 듯 넘어지지 않는 신비한 우리 몸 ············· 61

8 화장실에서 생긴 일 ····························· 65
  - 오줌발 속도의 비밀 ······························ 69

9 양말 어디까지 신어 봤니? ······················· 73
  - 신발 위에 양말을 신으면 생기는 일 ················· 77

10 커피 컵을
   똑똑하게 드는 법 ······························ 81
   - 컵에 든 커피를 흘리지 않으려면 ··················· 85

주인공이 궁금해요

파 토 쌤

누구인지,
뭘 하는 사람인지 알 수 없는
수상하고 이상하고 괴상한 사나이.
동시에 엉뚱하고 기발하고
언제나 과학하고 앉아 있는
괴짜 선생님!

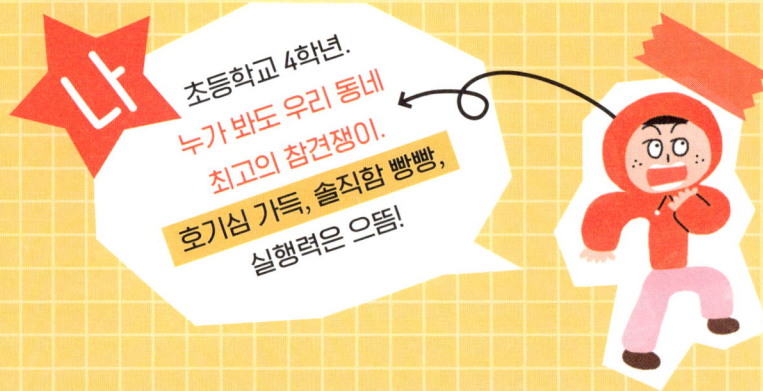

나

초등학교 4학년.
**누가 봐도 우리 동네
최고의 참견쟁이.**
호기심 가득, 솔직함 빵빵,
실행력은 으뜸!

1
개가 똥을 누는 방향은?

"대체 뭐 하는 거지?"
창밖을 바라보던 나는 호기심이 발동했어.

당장 밖으로 달려 나갔지.
모두가 잠든 일요일 이른 아침, 손에 뭔가를 든
파토쌤이 길가에 쭈그리고 앉아 계셨거든.

가만히 다가가 보니,
손에 나침반을 든 채 똥 누는 개를 보고 계시네!
궁금한 건 못 참는 나, 조용히 물었지.

파토쌤이 소스라치게 놀라는 바람에
똥 누던 개는 달아나 버렸어.
"변태라니! 나는 과학적 관찰을 하는 거라고!"
"과학적 관찰이라고요?"
"아무렴."
"헐, 똥 누는 개 꽁무니 보는 게 과학적 관찰이라니!"

"어떤 과학자들은 2년 동안 관찰했는데!"
"헐!!!!!!"
"독일 뒤스부르크-에센대학교와
프라하 체코생명과학대학교 연구팀은 2년 동안
37종이나 되는 개 70마리가 똥과 오줌을 누는 걸
관찰했지.
똥 누는 것은 무려 1,803번,
오줌 누는 것은 자그마치 5,582번!"

*자기 정렬? 이건 또 무슨 개똥 같은 소리래?
내 마음의 소리가 들린 걸까?
파토쌤이 이렇게 말씀하셨어.
"뭔 말이냐 하면……."

*책 마지막 장에서 더 자세한 정보를 확인해 보세요.

뭐든지 그냥 지나치지 않고 열심히 관찰하면 놀라운 걸 발견할 수 있어! 개가 똥 누는 것도 마찬가지야.
똥 누는 자세만 재미있어했지, 똥 눌 때 방향을 눈여겨본 적은 없지? 과학자들이 개가 똥 누는 방향을 관찰하며 알아낸 것은 바로 '개가 지구 자기장의 방향에 맞춰서 똥을 눈다'는 사실이야! 이런 걸 **'자기 정렬'**이라고 해.

이렇게 동물들이 자기 정렬을 할 수 있는 건

지구가 하나의 거대한 자석이기 때문이란다.

나 지구는 커다란 자석이야!

지구 북쪽은 자석의 S극, 남쪽은 자석의 N극을 띠지.
그래서 나침반의 N극은 항상 북쪽을 가리키는 거야.
자석은 같은 극끼리는 밀어내고 다른 극끼리는 잡아당기는
성질이 있잖아.

몸속에 나침반이 있는 동물도 있어.

비둘기의 윗부리에는 철분이 든 '나침반 세포'가 있어.
비둘기는 몸을 어디에 두고 고개를 어디로 돌리던
어느 쪽이 북쪽인지 알 수 있어.
북쪽을 아니까 나머지 방향은 자연히 알게 되겠지?

비둘기처럼 자석을 가진 동물이 또 있을까?

있다면, 어떤 동물에게서 어떻게 나타날까?
자석 말고 다른 방식으로 지구 자기장을 느끼고 이용하는
생물은 없을까? 이런 궁금증에 대해 밝혀진 게 아직
많지 않아.
그래서 더 많은 걸 알아내기 위해서 진지한 과학자들이
개가 똥 누는 걸 몇천 번이나 지켜보고 있었던 거야.
그 끈기와 공로를 인정받아서 2014년 이그노벨상도
받은 거지!

2
뜬다 뜬다! 개구리

"이그노벨상 수상자 가운데 가장 유명한 과학자는
아마도 *안드레 가임일 거야."
파토쌤이 또 이그노벨상 이야기를 꺼내시네.
"안드레 가임? 그분이 왜 유명해요?"
"이그노벨상과 노벨상 둘 다 받은 과학자거든!"

2010년 안드레 가임은
그래핀을 분리하는 데 성공해서 노벨상을 받았어.

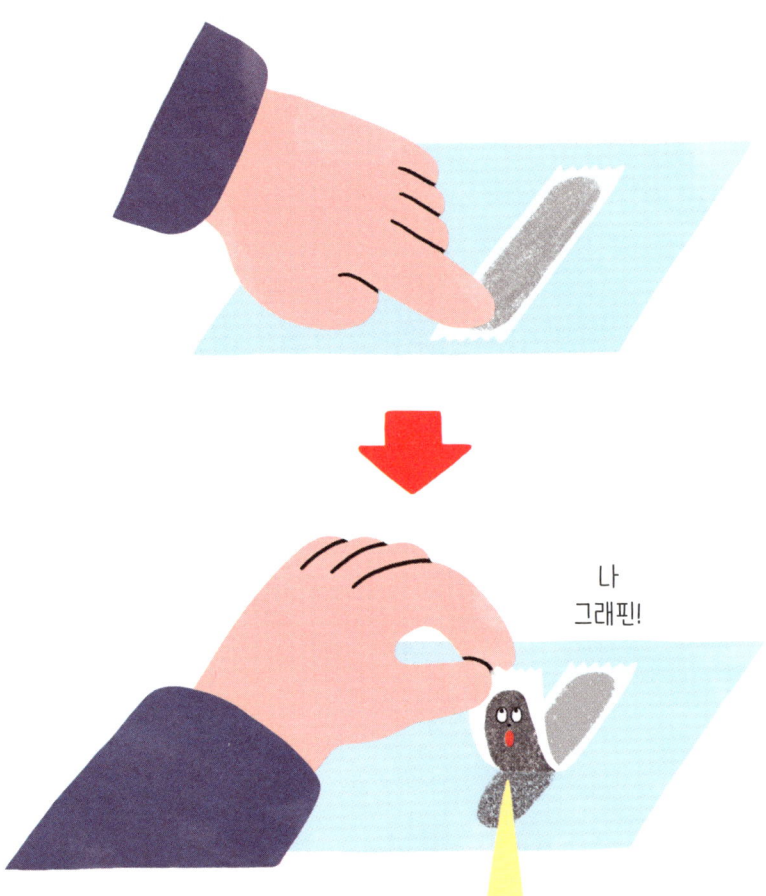

나 그래핀!

난 철보다 200배 세고, 구리보다 12배는 더 열을 잘 전달해.
가벼우면서도 잘 늘어나고 투명해서 비행기나 자동차, 건축 자재로도 쓰여.
섬유에 들어가면 가볍고 안전한 전투복과 방탄복을 만들 수 있어.
많은 과학자가 날 분리하려다 실패했지만, 가임쌤이 성공했어.
바로 이 셀로판테이프로!

"와, 셀로판테이프로 노벨상을 탄 거네요. 대박!"
"안드레 가임은 진짜 엉뚱한 과학자야.
금요일마다 동료들과 엉뚱한 실험을 하곤 했지."

"헐, 매주 연구를 했다니! 그럼 도대체 어떤 연구로 이그노벨상을 받은 거예요?"
"자석으로 개구리를 공중 부양 시켰어!"
"자석으로 개구리를요? 어떻게요?"

자석은 **같은 극끼리 밀어내는** 성질이 있다는 거 잘 알지?
그 성질을 이용해서 개구리를 자석 위에서 띄우는
가장 쉬운 방법은 개구리 몸에도 자석을 붙이는 거야.
하지만 그런 뻔한 걸로 이그노벨상을 주진 않겠지!
가임은 어떻게 한 걸까?

개가 지구 자기장에 맞춰 똥을 누고, 비둘기 몸에는
나침반이 있어 북쪽을 안다는 것 기억나지? 우리는 생물의
몸에도 아주 작은 자석이 있다는 걸 알게 됐잖아.
개구리도 마찬가지야.

우아, 떴다!

자석으로 공중 부양
시킬 수 있어.

자기력은 우주에서 제일 흔한 힘 중 하나야.
우리 몸을 이루는 온갖 물질들이 사방으로 흩어지지 않는
것도 바로 자기력 덕분이고.

개구리 몸속에 있는 물 분자나 여러 물질도

알고
보면 아주
작은 자석
이란다.

원자핵

전자

내 몸을 이루는
원자가 이렇구나!

이런 종류의 물질들은 자석이 가까이 오면 무조건 밀어내는
성질이 있는데, 이것을 *'**반자성체**'라고 해.

너처럼 자석 위에 개구리를 올려놓는다고 해서
공중으로 뜰까? 그렇지는 않아.

개구리는 너무 약한 자석이거든.
개구리가 몸에 있는 자기력으로 공중 부양하려면
지구 자기장의 32만 배의 힘이 필요해.
우리가 쓰는 보통 자석은 낼 수 없는 힘이지.
안드레 가임도 실험실에서나 사용할 수 있는 아주 큰
자석을 써야 했어.

개구리를 띄울 수 있다면 다른 동물도 될까?

돼! 2000년에는 미항공우주국에서 개구리보다 크고 무거운 생쥐를 더 강한 자석을 이용해 띄웠어. 생쥐는 처음에는 혼란스러워하다가 나중에는 둥둥 떠 있는 걸 즐기는 것 같았대.

자기력만 강력하면 사람도 공중 부양할 수 있다는 얘기네요!

이론적으로는 그렇지만 강한 자기장이 우리 몸에 어떤 영향을 줄지 몰라. 제2의 가임과 같은 과학자들이 안전하게 실험하기를 기다려 보자고.

3
빵을 떨어뜨릴 때 꼭 일어나는 일

꼬르륵. 점심때도 안 됐는데 벌써 배가 고프네.
내 배 소리를 들으신 건지 눈치 빠른 파토쌤이 빵과
잼을 내오시더라.
"머리를 쓰려면 적절한 탄수화물 섭취는 기본!"

앗싸, 쌤 최고!
제가 세상에서 제일 맛있는
토스트를 만들어 드릴게요!

나는 토스터에 빵을 구운 다음 잼을 발라
파토쌤에게 드렸지. 아니, 드리려고 했지. 그런데……!

Oh My God

잼 바른 빵을 떨어뜨리고 말았어!
그런데, 도대체 **왜?** 잼 바른 빵을 떨어뜨리면
잼 바른 면이 바닥으로 떨어지는 거냐고!
오늘 나는 정말 운이 없는 걸까?

파토쌤이 내 어깨에 손을 얹고 말씀하셨어.
"그건 네 운과는 전혀 상관없어. 잼 바른 면이 바닥
쪽으로 떨어지는 건 **과학과 수학과 관련된 문제야!**"
나는 통 이해가 안 돼서 징징댔어.
"빵 하나 떨어진 것 갖고
웬 과학과 수학까지 소환해요?"

파토쌤이 알려 주마

떨어지는 빵도 물리 법칙을 따른다!

왜 그런 날 있지? 계속 일이 꼬이고, 안 풀리는 날 말이야.
화장실에 가면 내가 줄 선 곳만 사람이 늦게 나오고,
잼 바른 빵을 떨어뜨리면 언제나 잼 바른 면이 바닥을 향해
떨어지고.

이렇게 운이 나쁜 상황이 반복되는 걸 **머피의 법칙**이라고 해.

이 머피의 법칙이 과연 운의 문제인가? 하는 의문을
가진 과학자가 있었어. *로버트 매튜스라는 물리학자인데,
그는 잼 바른 빵으로 머피의 법칙을 연구했어.

식빵을 떨어뜨리면 잼 바른 면이 아닌 맨 빵 쪽으로 떨어질 확률은 딱 절반일 것 같잖아? 로버트 매튜스가 밝혀낸 건 그게 아니라는 거야! 그 확률은,

지구 중력과 식빵이 떨어지는 **높이**, 그리고 떨어지는 빵의 **회전 속도**

를 고려해야 해. 빵에 잼 바를 때를 떠올려 봐. 잼은 항상 빵의 위쪽에 바르지, 억지로 아래쪽에 바르는 사람은 못 봤어. 아무리 엉뚱한 너라도 그런 짓은 안 할걸!

빵은 조금이라도 비스듬한 상태로 떨어지기 시작하는데, 반드시 **회전**하면서 바닥으로 떨어져.
빵을 떨어뜨리게 되는 **높이**는 대부분 앉거나 선 사람의 손 높이니까 대략 1 미터 정도야. 이 **높이**에서 빵은 몇 번이나 **회전**한 뒤에 바닥에 닿을까?

매튜스는
중력과 빵이 떨어지는
높이를 통해 빵이 대략 반 바퀴
회전하고 바닥에 닿는다는
답을 얻었어.

잼은 위쪽에 발랐으니 반 바퀴 회전하면 결국 잼 바른 면이 바닥에 닿는다는 뜻이지!

그냥 계산만 한 게 아니야. 이 이론을 증명하기 위해 자그마치

9,821번이나 잼 바른 빵을 실제로 떨어뜨렸어!

실험 결과는 잼 바른 면이 6,101번 먼저 떨어졌어. 확률로는 62.1 퍼센트야. 늘 잼 바른 면이 바닥에 닿는 건 아니지만 적어도 2분의 1보다는 높은 확률이지! 그러니까 일어날 가능성이 큰 일이 일어난 것뿐이야. 네가 운이 나빠서가 아니고!

그렇구나!
그럼 나도 확인해 봐야지!

4
비스킷을 가장 맛있게 먹는 방법

빵을 떨어뜨리는 바람에 점심으로 먹을 빵이 모자랐지 뭐야. 입맛만 쩝쩝 다시는데, 파토쌤이 말씀하셨어.

빵이 없으면, 비스킷을 먹으면 되지!

쌤이 마리 앙투아네트예요?

ㅋㅋㅋㅋㅋ

마리 앙투아네트는 프랑스 루이 16세의 왕비야. 굶주린 국민이 "우리에게 빵을 달라!"라고 하자, "빵이 없으면 비스킷을 먹으면 되지!"라고 해서, 국민들을 더욱 화나게 만들었다는 일화가 전해지지. 하지만 이 이야기는 당시 마리 앙투아네트에 대한 프랑스 국민의 감정이 좋지 않아 꾸며낸 거라고 해.

나는 비스킷을 우유에 담갔어.
그때 파토쌤이 물었지.
"비스킷을 커피나 우유에 얼마 동안 담갔다 먹어야
가장 촉촉하고 맛있을까?"

나는 신나게 비스킷을 먹으며 물었지!
"어떻게 먹어도 맛있는데 그걸 꼭 고민해야 해요?"

파토쌤이 말씀하셨어.
"영국에서 가장 인기 있는 과학자, 렌 피셔가 말했지."

위대한 발견은 대개 **사소한 일상**에서 비롯된다

"과학은 자연의 법칙을 발견하는 거야.
과학자는 자연의 법칙을 찾는 술래들이지.
그런데 그 법칙은 우리의 생활에도 꼭꼭 숨어 있어.
*렌 피셔는 우리 생활 속에 숨은 법칙을 찾는
대표적인 엉뚱 과학자야.
그래서 비스킷을 커피에 얼마 동안 담가야
가장 맛있는지를 연구했다고."

"자연의 법칙은 보통 공식으로 정리돼."

나, 뉴턴은 물체의 운동 법칙을 발견하고, 그것을 공식으로 표현했지.
F=ma
(F=힘, m=질량, a=가속도)

나, 아인슈타인은 에너지와 질량, 빛의 관계를 공식으로 정리했어.
$E=mc^2$
(E=에너지, m=질량, c=빛의 속도)

"비스킷을 커피에 담가 가장 맛있게 먹을 수 있는 시간 역시 공식으로 정리됐어! 이걸로 1999년 이그노벨상도 탔다고!"

도대체 이게 뭐예요?

비스킷이 음료에 잠겨 부서지지 않고 액체를 최대한 흡수해 부드러워지는 시간

$$= \frac{4 \times [음료에\ 비스킷을\ 담그는\ 깊이] \times [음료의\ 점성]}{[비스킷\ 구멍의\ 크기] \times [음료의\ 표면\ 장력]}$$

 파토쌤이 알려 주마

 맛도 과학이 좌우한다!

공식만 나오면 머리 아프지? 그러니 이해가 안 된다고 속상해할 필요는 없어. 다만 이 공식을 보면 비스킷을 커피와 같은 음료에 담갔다 먹을 때 무엇을 따져 봐야 하는지 알 수 있을 거야.

음료에 비스킷을 담근 깊이

음료의 점성

비스킷 구멍의 크기

음료의 표면 장력

왜, 이 네 가지를 고려해야 하는지, 하나하나 살펴볼까?

먼저, 음료에 비스킷을 담그는 깊이!
비스킷을 조금만 담그면,
잠긴 부분이 흐물흐물 녹아내려도
잠기지 않은 부분은 젖지 않아.

두 번째, 음료의 점성!
점성이란 끈끈한 정도를 말해.
물처럼 점성이 낮은 액체는
흡수가 잘 되고, 꿀처럼 **점성이 높은 액체는 흡수가 잘 안 돼.**

세 번째, 비스킷 구멍의 크기!
비스킷에는 겉에 뚫린 구멍도 있고, 잘라야 보이는 구멍도 있지.
이 구멍들이 클수록 혹은 많을수록, 흡수가 잘 되겠지!

마지막으로 음료의 표면 장력!

표면 장력은 물 같은 액체가 겉 면적을 작게 하려는 힘이야.
서로 꼭 끌어당기지. 그래서 동그랗게 물방울이 맺히는 거야.
이 표면 장력은 액체마다 그 크기가 달라.
표면 장력이 작은 액체일수록 흡수가 잘 돼.

담그는 깊이에 음료의 점성, 비스킷 구멍 크기, 표면 장력까지!

앞으로 비스킷 먹을 때 머리가 지끈거리겠어요! 생각할 게 어디 하나둘이어야죠!

그치? 그래서 렌 피셔가 알려 준 간단한 방법이 있어. 비스킷을 적실 때 보통은 세워서 컵에 넣잖아?

겉바속촉!

그러지 말고 평평하게 눕혀 넣어서 한쪽만 적셔 봐.
그러면 아래쪽이 젖어도 위쪽은 말라 있어서,
잘 부서지지 않고 바삭함도 유지돼! 이 정도는 할 수 있지?

5
애들만 쫓는 기계

시험 기간이라 며칠 만에 파토쌤을 찾아갔어.
"오늘 음악 시험을 보다가, 민수가 창피한 일을 당했어요."

"변성기가 왔나 보다!"
나는 고개를 끄덕이며 대답했어.
"네, 그래서 옛날처럼 높은음이 안 올라간대요."

"그럴 거야. 남자들은 보통 열두 살 정도부터 변성기를 맞는데, 이때 성대 구조가 바뀌거든. 이 때문에 여자 목소리와 남자 목소리의 주파수도 달라져."
"주파수요?"

주파수

음파가 1초에 몇 번 진동하는지를 측정하는 단위로 헤르츠(Hz)로 표시.
1,000 헤르츠 = 1 킬로헤르츠
1,000 킬로헤르츠 = 1 메가헤르츠

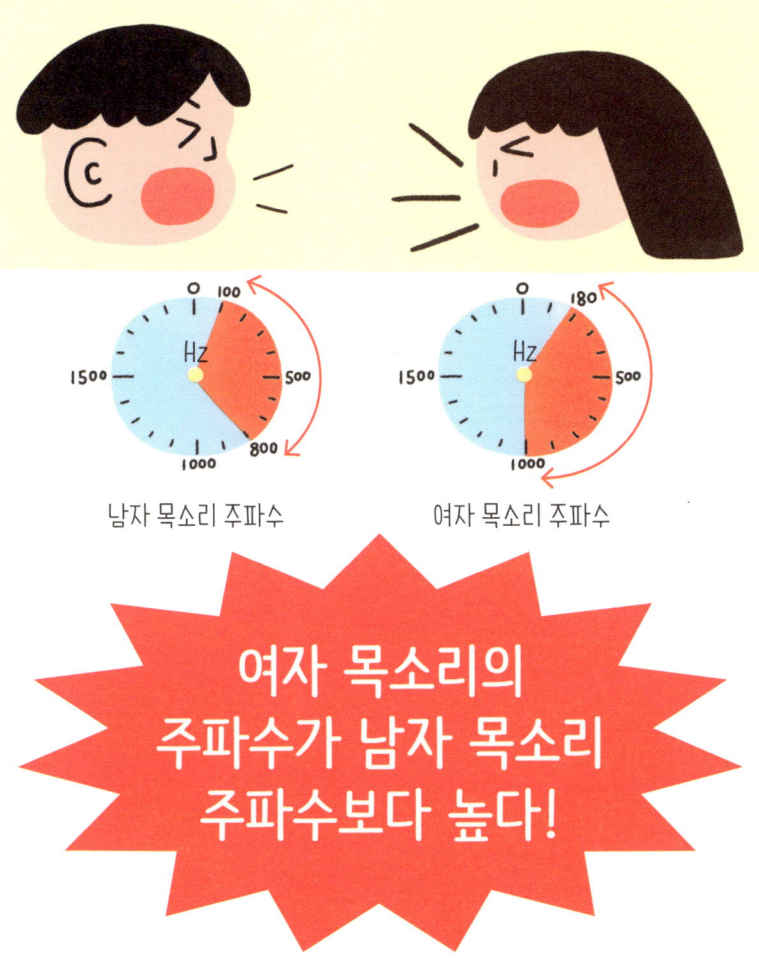

남자 목소리 주파수　　여자 목소리 주파수

**여자 목소리의
주파수가 남자 목소리
주파수보다 높다!**

낮은 주파수를 저주파, 높은 주파수를 고주파라고 해.
사람은 보통 20 헤르츠의 저주파는
'소리가 나는 것 같네!'처럼 느끼는 정도고,
20,000 헤르츠 이상의 고주파는 거의 느끼지 못 해.
다행히 여자나 남자나 잘 들을 수 있는
주파수의 범위는 차이가 없지.
하지만 나이가 들수록 고주파는 잘 못 들어.

이것을 이용해 엉뚱한 발명품을 만들기도 했지.

2006년 이그노벨상을 차지한 게 바로 이 기계지!
영국 발명가 하워드 스테이플턴이 만들어서 상을 받았어.
딸이 불량 청소년들에게 괴롭힘을 당한 것을 알고는
이 장치를 만들었다고 해. 이 기계는

16,000~18,500 헤르츠의 고주파 음을 내.

20대 초반까지만 잘 들리는 주파수인데, 귀에 거슬리는
삐~ 하는 소리가 나지. 이 소리가 귓전에서 울리는 모기
소리와 비슷하다고 해서 영어로 모기를 뜻하는 모스키토
(mosquito)라고 불렸어.

모스키토는 잘 팔렸어. 불량 청소년들이 몰려들어
곤란한 가게 주인이 많았거든.
술이나 담배를 파는 가게가 대표적이지.
청소년들은 출입 금지라고 해도 자꾸 와서 시비를 걸기도
했어. 그런 가게의 주인들에게 모스키토는 꼭 필요했어.
덕분에 하워드 스테이플턴은 부자가 됐지.

사람뿐 아니라 ((동물도 주파수를)) 이용해.

고주파 음보다 더 높은 소리, 사람들은 들을 수 없는 소리를 **초음파**라고 하는데, 박쥐는 이 초음파를 이용해서 깜깜한 동굴에서도 안전하게 지내며, 어두운 밤에도 사냥할 수 있어.

동물들은 아주 낮은 음을 이용하기도 해.
이런 낮은음을 **저주파**라고 하는데, 귀로는 잘 안 들리고,
오히려 진동으로 느껴지지. 고래가 저주파를 이용하는
대표적인 동물이야. 혹등고래는 20 헤르츠 정도의 저주파
음을 내는데, 이 소리는 바닷물을 타고 지구 반 바퀴를
돌기도 한대.

이건 진동이잖아!

쌤, 전화 왔는데요!
왜 못 들으시죠?
쌤 전화는 고주파인가요?

6
훌라후프를 잘 돌리려면

파토쌤과 함께 공원으로 산책하러 나갔어.
쌤이 갑자기 멈춰 서서 팔짱을 끼고선 어딘가를
바라보시네!

공원에서는 훌라후프 대회가 열리고 있었어.

그런데 파토쌤이 훌라후프를 받으시는 거야.

훌라후프 돌릴 줄 모르는 친구들 잘 들어!

훌라후프는 어디로 돌릴까? 허리로 돌린다고 생각하기
쉽지? 그런데 허리를 아무리 빨리 움직여도

라메시 발라수브라마니암과 마이클 터비는
훌라후프를 허리로 돌리는 게 맞는지 의심을 품었어.
그래서 훌라후프를 돌리는 원리를 연구했지.
그 연구로 2004년 이그노벨상을 받았어.

이 둘은 일곱 사람의 몸 여기저기에 센서를 붙였어.
그리고 다양한 속도로 훌라후프를 돌리게 한 다음
그 결과를 컴퓨터로 분석했지.

결과는 어떻게 나왔을까? 훌라후프 돌리는 일은 절대 쉬운 게 아니었어! 허리뿐 아니라 골반, 무릎, 발목 등 여러 관절이 서로 보조를 맞춰야 하고,

이 움직임을 위해 뇌가 18가지 생각을 동시에 해야 한다는 사실이 밝혀졌지!

허리는 너무 빨리 빙빙 돌리는 것보다는 앞뒤로 함께 움직여야 하고, 무릎을 위아래로 자연스럽게 움직이는 것이 오랫동안 훌라후프를 돌릴 수 있는 요령임을 알게 됐어.

두 사람은 이 연구를 통해

몸의 균형을
잡기 위한
뇌와 신경의 역할

에 대해 더 깊이 이해하게 되었다고 해. 마냥 엉뚱하기만 한 연구는 아니지? 훌라후프를 돌리면 운동이 되니까 건강에 좋고, 또 뇌를 많이 쓰게 되니 운동 신경 발달에도 도움이 될 수 있어. 하지만 한 방향으로만 계속 돌리면 척추에 무리가 갈 수 있으니 방향을 바꿔 가면서 돌리는 게 좋아!

쌤, 이왕이면 이걸로 돌려 주세요!

헉!

7
그 아줌마가 넘어지지 않는 이유

우리 동네 공원에는 평균대가 있어.
누가 시키지 않았지만, 난 공원을 지날 때마다
평균대에 올라가곤 해!

"내가 성공 전략을 가르쳐 주지!"
파토쌤은 나보다 더 큰 덩치로 평균대에 가볍게
폴짝 오르고는

이렇게 양팔을
벌리는 거야!

가뿐하게 평균대를 건너온 쌤이 말씀하셨어.
"팔을 벌리면 균형 잡기가 훨씬 쉬워."
"진짜요?"
어디 나도 한번 해 볼까?

신기하게 진짜네! 왜죠?

쌤의 대답을 듣기도 전에,
한 아줌마가 내 눈을 사로잡았어.

쌤 말에 나는 고개를 갸웃했어.
"진짜요?"
파토쌤이 웃으시는 걸 보니 엉뚱 과학 시간이 시작됐네.
"우리 몸의 균형에 대해 몽땅 알려 줄게!"

개나 고양이가 걷다가 넘어지는 거 본 적 있어? 없지! 네발로 걸어서 몸의 균형이 쉽게 흐트러지지 않아. 새끼를 가져도, 배가 아래에 있어서 몸의 균형이 잘 깨지지 않지.

사람은 두 다리로 걷기 때문에 개나 고양이에 비해 넘어지기 쉬워. 특히 배가 부른 임신부라면 앞으로 넘어지면 배 속 아이까지 위험해지겠지. 그런데 신기하게도,

임신부가 앞으로 넘어지는 경우는 거의 없어!

2009년, 캐서린 휘트컴 박사 연구팀이 그 까닭을 밝혀내서 이그노벨상을 받았어. 임신한 여성이 앞으로 잘 넘어지지 않는 이유는,

여자는 남자와 척추의 모양이 다르게 진화했기 때문이야.

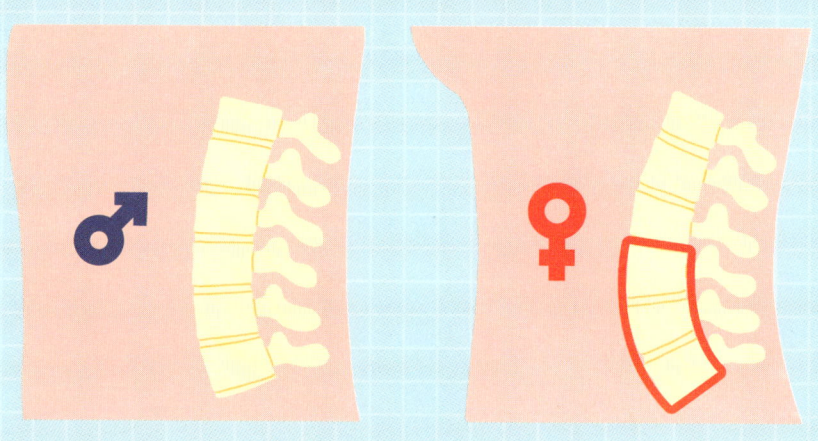

남자의 척추는 전부 똑같은 직사각형 모양이야. 하지만 여자의 척추 중 세 개는 한쪽이 짧은 사다리꼴 모양이지.

아이를 가지면 배가 점점 부르고, 그 무게 때문에 몸이 앞으로 쏠릴 수밖에 없어. 이때

여자는 사다리꼴 모양의 척추 덕분에 허리를 더 뒤로 젖혀, 몸이 앞으로 쏠리지 않게 중심을 잡을 수 있는 거야.

평균대에서는 왜 양팔을 벌려야 잘 안 넘어질까? 그건 **회전 관성** 때문이야. 평균대에서는 팔을 옆구리에 붙일 때보다 벌릴 때 몸이 덜 기울어져! 이런 현상을

회전 관성이 크다

라고 표현하지! 평균대에 오를 때마다 *회전 관성을 떠올리는 것 잊지 말라고!

8
화장실에서 생긴 일

오늘 나는 공중화장실에서 연구 중이야.
그런 나를 사람들은 힐끔힐끔 쳐다보더라.

파토쌤이 물으시길래 나는 자랑스럽게 말했어.
"아무리 생각해 봐도, 어른하고 아이가 오줌을 누는 시간이 다를 것 같더라고요. 그래서 화장실에서 사람들이 쉬하는 시간을 재 봤죠!"
"사람들이 화장실에 이상한 애가 있다며 쑥덕이던데, 그게 너였구나!"
파토쌤 말씀에 나는 섭섭하고 안타까웠어.
"이그노벨상 수상자들은 얼마나 속이 상했을까요? 과학 발전을 위해 열심히 관찰하는 사람 뒤에서 쑥덕이기나 하고!"

파토쌤이 낮은 목소리로 물으셨어.
"누군가 네가 오줌 누는 걸 지켜보면 좋겠니?"
내가 답을 못하자, 쌤이 덧붙이셨어.

엉뚱한 것과 사람을 불쾌하게 하는 것은 구별할 줄 알아야 해!

"이그노벨상을 받은 그 누구도
다른 사람을 불쾌하게 하지는 않았어."

파토쌤은 풀이 죽은 내 어깨를 툭 치셨어.
"다음부터 조심하면 돼!"
그러고는 이렇게 말씀하셨어.
"너랑 비슷한 관찰과 실험을 한 과학자들이 있어!"
"진짜요?"
"그들은 이런 결론을 얻었지."

소변보는 시간은 몸집과 관련이 없다!

파토쌤이 알려 주마

오줌발 속도의 비밀!

거대한 코끼리와 작은 고양이의 소변보는 속도는 같다!

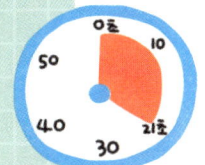

2015년 이그노벨상을 받은 연구야!

이런 걸 다들 궁금해하는 건 아니지만 너처럼 특이한 호기심을 가진 사람들이 있지. 과학자도 마찬가지야. 조지아공과대학교의 데이비드 후 교수팀이 바로 그런 사람들이지.

후 교수는 변기 뚜껑을 쓴 채로 이그노벨상 수상 소감을 발표했을 정도니 얼마나 엉뚱한지 짐작이 가지?

코끼리의 몸무게는 5 톤! 고양이의 몸무게는 5 킬로그램! 간단한 계산을 해 볼까? 5 톤은 5,000 킬로그램이니까 몇 배지? 자그마치 1,000배야. 그럼 당연히 방광의 크기나 오줌의 양도 다르겠지. 얼마나 차이 날까? 코끼리 방광은 18 리터고 고양이 방광은 5 밀리리터! 우리가 마시는 큰 우유 팩 18개와 티스푼 하나만큼이나 차이가 나는 거야.

고양이 방광

코끼리 방광

코끼리는 오줌 누는 데 5분은 걸리고,
고양이는 5초면 끝날 것 같지?
과학자들은 실제로 관찰을 해 봤어. 몸집이 다른 16마리의
동물들이 소변보는 영상을 직접 찍었지.
그리고 유튜브에서 28마리의 동물 영상을 찾아서
각각 소변보는 시간을 잰 거야. 결과는?

놀랍게도 모두
약 21초로 비슷했어!

신기하지? 어떻게 그럴 수가 있을까?

답은 바로
중력이었어!

몸집이 클수록 방광도 크고 요도도 길어서 오래 걸릴 것 같지만, 요도가 긴만큼 오줌이 내려오는 속도도 중력 때문에 점점 빨라지는 거야.
그래서 비슷한 시간에 방광을 다 비울 수 있게 되는 거지!

하지만 몸무게가 3 킬로그램보다 가벼운 쥐 같은 작은 동물은 달라. 얘들은 소변의 양이 너무 적어서 물줄기를 이루지 않고 방울방울 떨어지거든.
그래서 더 빨리 오줌을 눌 수 있어!

9
양말 어디까지 신어 봤니?

사람이 양말을 신는 이유는 다양해!

파토쌤 댁에서 용도를 알 수 없는 양말을 발견했어!

파토쌤은 사진 한 장을 보여 주셨어.

"뉴질랜드에 가면 더니든이란 곳이 있는데,
이곳은 '세상에서 가장 가파른 도로'가 있을 만큼
악명 높은 비탈길 동네야.
겨울이 되면 빙판길로 난리지.
그래서 더니든시 의회에서는 이렇게 권했어."

신발 위에 양말을 신고 다니세요!

"신발 위에 양말을 신으면
눈이 내려 빙판이 된 비탈길에서 덜 미끄러진다는 거야!"
"정말이요?"
나는 고개를 갸웃했지.
쌤은 수수께끼라도 내듯 다시 물으셨어.
"정말일까, 아닐까?"

파토쌤이 알려 주마

신발 위에 양말을 신으면 생기는 일

더니든시에 있는 오타고대학교의 물리학자들은 더니든시 의회 의장의 말이 맞는지 알아보려고 30명의 시민들과 실험을 했어.

실험에 참여한 30명 가운데 15명만 신발 위에 양말을 신고 비탈길을 내려왔는데, 관찰 결과 이들의 자세가 양말을 신지 않는 사람들 자세보다 더 꼿꼿했어.
또 양말을 신지 않는 사람들보다 미끄럽다는 느낌도 덜 받았고.

과학자들은 그 까닭을 마찰력으로 설명했어.

← **마찰력**이란, →
두 물체의 접촉면에서
물체의 **운동을**
방해하는 힘이야.

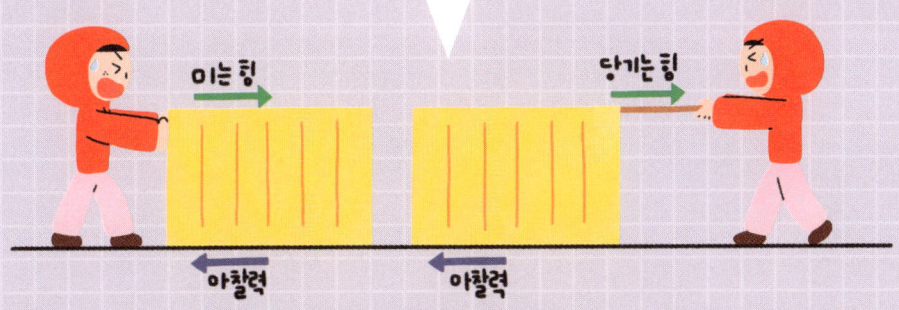

마찰력은 접촉면이 매끄러울수록, 무게가 가벼울수록
작아지지. 그래서 눈이 내리면 더 잘 미끄러지는 거야.
신발 위에 양말을 신으면, 마찰력이 커지게 돼.
양말의 섬유 조직이 신발 바닥보다 거칠어서 그런 거야.
그래서 옛날 사람들은 눈이 오면 고무신 위에 새끼줄을
둘둘 매고 눈길을 걸었어. 양말을 신은 것과 같은 원리로!

그래서 더니든시 사람들은 겨울에 신발 위에 양말을 신고 다니냐고? 아니, 양말은 천이라서 쉽게 젖지.
그런데 양말이 젖으면 마찰력이 줄어들어 효과가 떨어져. 게다가 양말을 신발 위에 신는 게 좀 이상하고 웃기잖아? 슈퍼맨이 바지 위에 팬티를 입은 것처럼 놀림 받기 십상이지. 그래서 과학적 실험에는 성공했지만, 의장의 말대로 하는 사람은 없대!

10
커피 컵을
똑똑하게 드는 법

집으로 돌아가는 길, 파토쌤이 음료수를 사 주셨어.
파토쌤은 커피, 나는 주스!
그런데 쌤 커피 뚜껑이 덜 닫혔는지 툭 떨어졌어.
그걸 내가 모르고 꽉 밟아 버렸지 뭐야!

"비도 올 것 같은데, 얼른 들어가자고!"
쌤은 서둘러 걸으셨어.
나도 따라 걸었지.
그때, 나의 매의 눈으로 포착!

before　　　after

2017년, 우리나라의 고등학생 한지원 군이
커피를 들고 갈 때
컵 안의 커피가 어떻게 흔들리는지를 연구했어.
그리고 두 가지 결론을 얻었지!

**커피 컵의 윗부분을 잡고 걸으면
커피가 잘 넘치지 않는다!**

**원통형 컵보다 와인 잔에 담은
커피가 잘 넘치지 않는다!**

"와, 우리나라 사람이, 그것도 고등학생 형이!"
왠지 친밀감과 신뢰감이 왕창 생겨서
나도 바로 실험에 돌입했지.
"이렇게 잡으면 안 흘린다는 거죠?
하지만……."

이 세상 모든 것들은 가만히 있는 것 같지만, 사실은 진동하고 있어.

진동이란 물체가 기준 위치에 대해 반복적으로 움직이는 상태를 말해.

커피를 컵에 따라 책상 위에 두면 가만있는 것처럼 보여도, 사실 커피도 컵도 책상도 또 그걸 바라보고 있는 나도, 그리고 나를 이룬 세포들 하나하나도 모두 진동하고 있어. 물질은 모두 저마다의 **고유 진동수**를 가지고 있지.

이 세상 모든 것이 **진동** 하고 있잖아!

그럼 커피를 들고 움직일 때는 어떨까? 커피와 컵, 나의 고유 진동에, 움직임으로 인한 진동까지 더해져서 진동이 엄청나게 커져.

이렇게 진동이 +합쳐져 커지는 걸 공명 현상+ 이라고 해.

내가 떨고 있어도, 떠는 게 보이지 않을걸!

내가 이렇게 요동치는 건, 나를 둘러싼 모든 진동이 합쳐져 공명하기 때문이야!

한지원 군은 와인 잔과 일반적인 원통형 모양 컵에 커피를
따른 뒤, 진동수를 측정해 봤어.
진동수의 단위는 헤르츠인데, 와인 잔을 들고 걸으면
와인 잔에서는 2 헤르츠, 원통형 컵에서는 4 헤르츠의
진동이 생겼어. 그런데 사람이 걸을 때 보통 4 헤르츠의
진동이 생기는 거야! 공명 진동은 비슷한 크기의 진동끼리
만나면 더 커져. 그래서 걸을 때는 와인 잔보다 원통형
컵에 든 커피가 더 많이 쏟아지지.

그래도 와인 잔 모양으로 종이컵을 만들 수는 없잖아?
그래서 우리가 일반적으로 쓰는 종이컵을 사용할 때
어떻게 하면 음료를 덜 흘리는지 연구한 거야.

그 결과 컵 위쪽을 덮듯이 잡으면 커피를 훨씬 덜 흘릴 수 있다는 걸 밝혀냈어. 손목이 커피 컵에 전달되는 진동수를 변화시켜서, 컵 속 커피가 덜 진동하게 하는 원리지.

교과 연계가 궁금해요

목차	이그노벨상 수상 내역	교과 연계
1. 개가 똥을 누는 방향은?	2014년 생물학상	3학년 1학기 자석의 이용
2. 뜬다 뜬다! 개구리	2000년 물리학상	6학년 2학기 전기의 이용
3. 빵을 떨어뜨릴 때 꼭 일어나는 일	1996년 물리학상	5학년 2학기 물체의 운동
4. 비스킷을 가장 맛있게 먹는 방법	1999년 물리학상	5학년 2학기 물체의 운동
5. 애들만 쫓는 기계	2006년 공학상	3학년 2학기 소리의 성질
6. 훌라후프를 잘 돌리려면	2004년 물리학상	6학년 2학기 우리 몸의 구조와 기능
7. 그 아줌마가 넘어지지 않는 이유	2009년 물리학상	4학년 1학기 물체의 무게
8. 화장실에서 생긴 일	2015년 물리학상	6학년 2학기 우리 몸의 구조와 기능
9. 양말 어디까지 신어 봤니?	2010년 물리학상	1학년 2학기 우리의 겨울 중학교 1학년 과학 여러가지 힘
10. 커피 컵을 똑똑하게 드는 법	2017년 유체역학상	고등학교 물리학I 파동과 정보 통신

파토쌤이 알려 주마

용어가 궁금해요

자기 정렬 [12~14쪽]

무질서하게 존재하는 물질들이 일정한 규칙을 따라 구조를 이루거나 배치되는 현상이야. 다른 말로 자기 조립이라고도 해. 자기 조립은 말 그대로 외부 힘의 개입 없이 물질과 주변 사이의 상호 작용을 통해 스스로 형태나 배치를 만드는 과정이야.

반자성체 [22쪽]

철과 같은 금속은 자석에 달라붙어. 그리고 자석에 가까워지면 스스로 자석의 성질, 즉 자성을 갖게 돼. 그래서 자석에 철을 붙이고 그 철에 또 다른 철을 대면 달라붙지. 그런데 금과 같은 물질은 자석의 반대 방향으로 자성을 갖게 돼서 자석을 대면 오히려 자석을 밀어내. 이런 성질을 가진 물질을 '반자성체'라고 해. 구리, 플라스틱, 유리, 물 등이 있어.

회전 관성 [64쪽]

물체의 회전 운동에 대한 관성의 크기를 나타내는 양이야. 회전 관성이 클수록 회전 운동에 변화가 일어나기 어려워.
이 원리로 평균대에서 팔을 벌리면 회전 관성이 커져서 잘 넘어지지 않게 되지.